Antiquité

5. Moïse (vers 1300 av. J.-C.) – Sinaï, Moyen-Orient.

Selon la tradition, Moïse est un membre du peuple juif, alors installé en Égypte. On raconte que Dieu s'adresse à lui et lui demande de guider les siens loin de ce royaume où ils sont maltraités. Moïse doit emmener son peuple en Terre promise, où il pourra vivre en paix. Moïse est considéré comme un prophète (homme inspiré par Dieu) par les juifs, les chrétiens et les musulmans. C'est lui qui a reçu les Dix Commandements (illustration). Son histoire est racontée dans la Torah, dans la Bible et dans le Coran.

6. Grèce antique (vers 700 à 146 av. J.-C.) – Europe.

Lors de la bataille de Salamine, en 480 avant J.-C., la cité d'Athènes se libère de la domination perse (illustration : le Parthénon). La démocratie se met en place, et une vie intellectuelle florissante se développe. Les philosophes grecs sont à l'origine d'une nouvelle manière de percevoir le monde, ils inventent la logique et l'investigation scientifique. La culture grecque a profondément influencé tout le monde méditerranéen, et notamment le monde romain, et plus tard, le monde arabo-musulman.

7. Alexandre le Grand (356-323 av. J.-C.) – Grèce, Europe.

Alexandre le Grand devient roi de Macédoine à l'âge de vingt ans. Il crée une coalition avec les cités grecques, et à la tête de son armée il prend le contrôle de l'immense Empire perse, qui regroupe la Turquie et l'Iran actuels, et d'une partie de l'Asie. Il devient ainsi l'un des conquérants les plus célèbres. Il fonde de très nombreuses cités, comme Alexandrie en Égypte.

8. Siddhārtha Gautama, Bouddha (vers 500-400 av. J.-C.) – Népal, Asie.

Siddhārtha Gautama est un chef spirituel appelé « Bouddha » (« l'éveillé ») par ses disciples. Il a vécu au Népal et dans le nord-est de l'Inde actuelle. À l'âge de vingt-neuf ans, il est profondément touché par la souffrance des hommes. Il rejette alors les biens matériels, pour choisir une vie très simple. Il fonde une nouvelle philosophie basée sur la compassion et le respect, qui donne naissance à la religion bouddhiste.

9. Confucius (551-479 av. J.-C.) – Chine, Asie.

Ce philosophe est le personnage qui a le plus marqué la civilisation chinoise. Pour les Chinois, c'est un éducateur ; son enseignement, appelé « confucianisme », fut considéré comme une « religion d'État » pendant plus de deux mille ans, jusqu'en 1950 ! Confucius est proche des hommes d'État et cherche à les inspirer, mais sa pensée s'adresse à tous. Il réfléchit à la meilleure manière de vivre en harmonie avec les autres, en développant une réflexion personnelle qui mène à la sagesse.

10. Unification de l'Empire de la Chine (221 av. J.-C.) – Chine.

Entre 230 et 221 avant J.-C., le roi de Qin conquiert un à un les différents royaumes de Chine. Il fonde l'empire de Chine et en devient le premier empereur sous le nom de Qin Shi Huang. C'est sous son règne que la Grande Muraille de Chine commence à être construite, sur plusieurs milliers de kilomètres. Il fait aussi construire la fameuse armée de terre cuite (illustration) : c'est un ensemble de huit mille grandes statues de terre cuite, enterrées à côté de son tombeau.

11. Jules César (100-44 av. J.-C.) – Italie, Europe.

Ce général et homme politique a une place très importante dans l'histoire de la République romaine. À la tête des armées, il conquiert de vastes territoires, en particulier la Gaule (France). Puis, lors de la guerre civile, il parvient au sommet du pouvoir et s'impose face à ses très nombreux adversaires politiques. Il devient alors dictateur. Ses ennemis complotent pour le faire assassiner.

12. Cléopâtre (69-30 av. J.-C.) – Égypte, Afrique du Nord.

Cléopâtre est l'une des femmes les plus célèbres de l'Antiquité. Elle règne sur l'Égypte pendant plus de vingt ans. On dit qu'elle a une forte personnalité, qu'elle est intelligente et cultivée, et parle huit langues. À sa mort, l'Égypte devient une province romaine. Le temps des pharaons est révolu.

Antiquité

1. Mésopotamie (vers 3400 à 539 av. J.-C.) – Irak, Moyen-Orient.

La Mésopotamie est une vaste région située au Moyen-Orient, qui regroupe l'Irak et la Syrie actuels. Durant l'Antiquité, cette région est très puissante. Les Mésopotamiens construisent de grands édifices religieux en forme de pyramide, les ziggourats (illustration). C'est dans cette région que naît l'écriture, vers 3400 avant notre ère. Pour les historiens, cet événement marque la fin de la préhistoire et le début de l'histoire. C'est dans l'antique Mésopotamie qu'a vécu le célèbre roi Nabuchodonosor II, et c'est dans cette région que se trouve la fameuse ville de Babylone.

2. Égypte antique (vers 3150 à 30 av. J.-C.) – Afrique du Nord.

La civilisation égyptienne s'est développée sur les bords du Nil, un immense fleuve qui irrigue des terres très fertiles. Grâce à une agriculture prospère, l'État égyptien prend le contrôle des régions désertiques voisines et domine toute la région. Les Égyptiens développent leur propre écriture, leur propre religion, leur propre culture. Les pharaons font construire des monuments gigantesques qui nous fascinent encore aujourd'hui : pyramides (illustration), temples, obélisques...

3. Ramsès II (1304-1236 av. J.-C.) – Égypte, Afrique du Nord.

Ramsès II est l'un des plus célèbres pharaons. « Pharaon » est le mot qui désigne le roi ou la reine dans l'Égypte antique. Ramsès II monte sur le trône à l'âge de quatorze ans et son règne dure soixante-six ans. Il fait construire de très nombreux monuments, comme le fameux temple d'Abu Simbel. Ramsès II est aussi un grand conquérant : il étend son royaume au nord de l'Égypte, dans la région où se trouvent les villes de Gaza, Jérusalem ou encore Damas (actuels Liban, Syrie, Israël, Jordanie...).

4. Stonehenge (2800-1600 av. J.-C.) – Grande-Bretagne, Europe.

Stonehenge est un monument mystérieux situé au sud de l'Angleterre. Il est composé de nombreux mégalithes (énormes blocs de pierre) disposés sur deux cercles. Cet ensemble a été construit en plusieurs étapes sur une très longue période. Aujourd'hui, il est un symbole des savoirs ancestraux de l'humanité car les plus gros blocs de pierre pèsent cinquante tonnes et ont été extraits à plus de quarante kilomètres de là.

POPPIK

milan

FRISE HISTORIQUE DU MONDE

13. La Rome antique (753 av. J.-C. à 476 ap. J.-C.) – Europe.

Vers 700 avant J.-C, Rome est une modeste cité regroupant plusieurs villages. Petit à petit, elle installe son pouvoir sur toute la région, puis sur toute l'Italie. En 27 avant J.-C., la République romaine devient un empire immense. Il continue de s'étendre tout autour de la Méditerranée, jusqu'au Maroc, à l'Angleterre, aux Balkans, à la Turquie et à l'Égypte. Il réunit une multitude d'ethnies, de cultures et de religions. Partout, Rome installe son armée et impose son pouvoir. Les habitants deviennent citoyens romains et la culture romaine imprègne tous les territoires. La ville de Rome est le centre du pouvoir (illustration : le Colisée). Mais au bout de cinq siècles, l'Empire est assailli par de nouveaux ennemis appelés les Barbares. Une grande partie de l'Empire se disloque, et les anciennes provinces redeviennent indépendantes.

14. Empereur Auguste (63 av. J.-C. à 14 ap. J.-C.) – Italie, Europe.

Auguste est le premier empereur romain. Neveu de Jules César, il impose son pouvoir à Rome et transforme la République en Empire. Le calme politique revient après des années de guerre civile. À sa mort, c'est son fils adoptif Tibère qui prend le pouvoir. Une dynastie est née, celle des Julio-Claudiens.

15. Naissance de Jésus de Nazareth (vers l'an 4 av. J.-C.) – Israël, Moyen-Orient.

Jésus de Nazareth est né vers l'an 4 avant notre ère, sa mère s'appelle Marie et son père Joseph (illustration). C'est un juif qui vit en Galilée. Il prêche autour de lui, entouré de quelques amis appelés « disciples ». Il est persécuté et condamné à mort à l'âge de trente-trois ans. Après sa mort, les premières communautés de chrétiens se rassemblent puis transmettent leur religion sur d'autres continents. Les chrétiens considèrent Jésus comme le Fils de Dieu et l'appellent Jésus-Christ.

16. Reine Zénobie (vers 240-274 ap. J.-C.) – Syrie, Moyen-Orient.

Zénobie est une célèbre reine de Palmyre (actuelle Syrie). Lorsque son mari le prince Odenath est assassiné, elle prend le pouvoir et se proclame impératrice. Pendant son règne, elle parvient à conquérir plusieurs provinces voisines (Égypte, Liban). Elle fait de Palmyre une ville culturelle de premier plan. Elle est faite prisonnière par les Romains en 272 et son territoire devient une province romaine.

17. Royaume d'Aksoum (vers 300 av. J.-C. à 800 ap. J.-C.) – Éthiopie et Érythrée, Afrique.

Ce grand royaume africain atteint son apogée entre 100 et 400 après J.-C. Il contrôle une vaste région qui s'étend de l'Égypte à l'Arabie du Sud. Il joue un rôle commercial majeur entre l'Europe et l'Inde. Vers 330, sous le règne du roi Ezana (illustration), il devient le premier royaume au monde à adopter le christianisme comme religion d'État.

18. Cités-États mayas (vers 200 à 800) – Mexique et Guatemala, Amérique centrale.

La civilisation maya est l'une des plus anciennes civilisations d'Amérique. Elle est célèbre pour ses avancées dans les domaines de l'écriture, de l'architecture (illustration : pyramide maya), de l'agriculture, des mathématiques et de l'astronomie. À son apogée, de grandes cités rivales se développent, comme Tikal ou Teotihuacán.

19. Empire Gupta (320-550) – Inde, Asie.

Les Gupta sont une dynastie qui règne sur le nord de l'Inde pendant plus de deux cents ans. On considère souvent que cette période est l'âge d'or de la culture indienne ancienne, en raison de remarquables réalisations qui ont un rayonnement très important. En mathématique, par exemple, c'est à cette époque qu'est inventé le zéro. Dans les domaines de l'astronomie, de la littérature, de la sculpture et de la peinture, cette période est également très riche.

20. Attila (395-453) – Hongrie, Europe centrale et orientale.

Attila est le roi des Huns, un peuple d'éleveurs nomades. Pendant son règne, il est l'un des ennemis les plus redoutés de l'Empire romain. Car Attila est un chef de guerre ambitieux. Il tente de conquérir la Perse, puis se tourne vers l'Europe. Il traverse le Danube et envahit les Balkans. Puis il atteint le Rhin et arrive en France. Il franchit les Alpes et entre en Italie. Partout, il dévaste, il pille et il massacre. Après sa mort, son empire s'effondre rapidement.

Moyen Âge

21. Empire byzantin (330-1453) – Turquie, Europe et Moyen-Orient.

L'Empire byzantin est la partie orientale de l'Empire romain. Cet empire est chrétien orthodoxe et de langue grecque. Il influence toute l'Europe et même au-delà, dans les domaines politique, culturel et religieux. Et cela pendant plus de mille ans. Sa capitale Constantinople (ancienne Byzance, actuelle Istanbul) est prise en 1453 par les Ottomans venus de Turquie (illustration : la basilique Sainte-Sophie). L'Empire byzantin laisse un héritage très important, en particulier dans le monde slave.

22. Avènement de l'Islam (632) – Arabie, Moyen-Orient.

C'est en 610 que naît l'Islam, en Arabie. Cette année-là, Mohammed, considéré par les musulmans comme un prophète, dit recevoir des révélations de Dieu et prêche autour de lui pour les faire connaître aux hommes. À sa mort, en 632, toute l'Arabie s'est convertie à cette nouvelle religion. Tour à tour, plusieurs califes (illustration) se succèdent, pour diriger ce nouvel État dont la capitale est La Mecque (illustration). Ils partent à la conquête des territoires voisins, pour répandre l'Islam le plus largement possible.

23. Âge des Vikings (793-1066) – Scandinavie, Europe du Nord.

Les Vikings sont un peuple de marchands et guerriers scandinaves. Naviguant à bord de leurs bateaux appelés drakkars (illustration), ils effectuent des raids sur les villes côtières, puis remontent les fleuves vers l'intérieur des terres. Lors de leurs voyages, ils atteignent la Russie, le nord de l'Afrique, la Méditerranée, la mer Noire et même l'Amérique du Nord. Ils établissent de nombreuses routes commerciales à travers l'Europe.

24. Erik le Rouge (vers 940 - vers 1010) – Scandinavie, Europe du Nord.

Ce Norvégien est un Viking. Il doit son nom à sa barbe de couleur rousse. Lorsque son père est expulsé de son pays natal pour cause de meurtre, Erik le suit en Islande, jusqu'à ce qu'il en soit lui-même banni. Il part alors pour une terre presque inconnue des Européens : le Groenland. Accompagné de plusieurs centaines de familles, il y installe une colonie. Erik le Rouge devient alors chef suprême du Groenland, riche et respecté.

25. Civilisation des aborigènes d'Australie – Australie, Océanie.

Les Aborigènes d'Australie sont les premiers humains connus installés sur l'ensemble de l'île. Avant que les Européens n'occupent cette partie du monde, ils développent une civilisation fondée sur des techniques agricoles ingénieuses, très respectueuses de l'environnement. Ils sont célèbres pour leur art de la peinture sur tous supports (roche, écorce, sable, peau...), mais aussi pour leurs chants et leurs instruments de musique comme le fameux didjeridoo (illustration).

26. Âge d'or de l'Islam (vers 750 à 1250) – Moyen-Orient, Asie et Afrique.

En 750, l'Islam et la langue arabe se sont répandus dans un immense empire, qui s'étend de l'Espagne jusqu'à l'Afghanistan. Dans ces territoires, une nouvelle culture apparaît, la culture islamique. Les arts et les sciences se développent, notamment dans de grands centres culturels comme Cordoue en Espagne, Fès au Maroc, Kairouan en Tunisie, Le Caire en Égypte, Damas en Syrie, Ispahan en Iran, Samarcande en Ouzbékistan... Dans de nombreux domaines, la vie se transforme : médecine, commerce, enseignement, architecture.

27. Ibn Battûta (1304-1368 ou 1377) – Maroc, Afrique du Nord.

Ibn Battûta est un infatigable voyageur berbère (actuel Maroc), qui a parcouru près de cent vingt mille kilomètres pendant toute sa vie. En Afrique, il est allé jusqu'à Tombouctou (Mali) ; en Europe, jusqu'en Bulgarie, et en Asie, il serait allé jusqu'en Chine. Pour effectuer ses voyages, il se joint souvent à des caravanes, ou embarque sur des bateaux marchands. Il symbolise la curiosité des hommes de son époque pour le reste du monde.

28. Le Moyen Âge central (vers 1000 à 1300) – Europe.

Cette période est souvent considérée comme l'âge d'or du Moyen Âge en Europe. À cette époque, la population augmente fortement. De vastes forêts sont défrichées, l'agriculture se développe. L'architecture gothique rayonne avec la construction d'immenses cathédrales de pierre. Des châteaux forts (illustration) sont construits dans les seigneuries. C'est l'époque où les chevaliers (illustration) combattent pour leur suzerain. L'Église catholique appelle à partir en croisade pour libérer la Terre sainte (vaste région autour de Jérusalem). La vie intellectuelle est florissante, des universités sont créées dans de grandes villes.

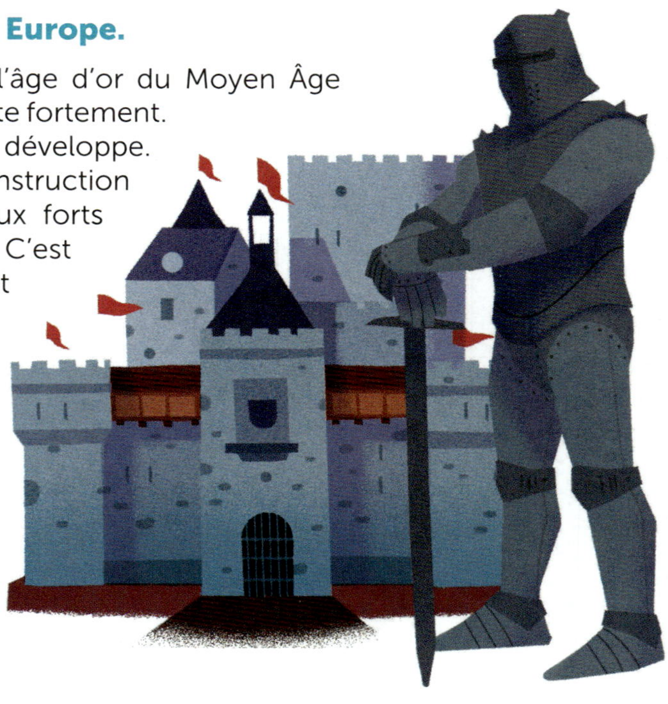

29. Empire khmer (802-1463) – Thaïlande, Laos, Cambodge et Vietnam, Asie du Sud-Est.

Cet empire puissant est renommé pour ses réseaux d'irrigation ingénieux, qui permettent le développement d'une agriculture prospère. Il est aussi célèbre pour son architecture grandiose et ses fameux temples-montagnes, très caractéristiques. Le site de la ville d'Angkor (illustration) témoigne de la puissance, de la richesse et du raffinement culturel de l'Empire.

30. Richard Cœur de Lion (1157-1199) – Royaume-Uni, Europe.

Richard Ier est un roi d'Angleterre qui règne pendant dix ans. Il passe très peu de temps dans son pays, car il se consacre à la troisième croisade. Les croisades sont des expéditions militaires entreprises par les chrétiens d'Europe pour contrôler la Terre sainte (vaste région autour de Jérusalem). Richard Ier lutte aussi avec bravoure contre le roi de France qui voudrait s'emparer de ses terres. À son époque, il est considéré comme un héros.

31. Gengis Khan (vers 1155 – 1227) – Mongolie, Asie.

Gengis Khan est un chef de clan. Il rassemble plusieurs tribus nomades d'Asie de l'Est et d'Asie centrale. À leur tête, il se lance à la conquête de la Chine. Pour les Mongols, il est une figure légendaire, le père de la nation. Dans d'autres régions d'Asie ravagées par les guerres, il est considéré comme un conquérant impitoyable. Après sa mort, l'Empire mongol est agrandi par ses successeurs et devient même le plus vaste empire de tous les temps : il s'étend de la Méditerranée à l'océan Pacifique.

32. Empire du Mali (vers 1235 à 1670) – Afrique de l'Ouest.

L'Empire du Mali est parfois appelé Empire mandingue. Il est fondé par le roi Soundiata Keita (illustration). Selon les traditions orales, il rassemble une armée de plus de cent mille hommes pour conquérir les royaumes de la région. Il est proclamé Mansa, ce qui signifie « Roi des rois ». Il installe la paix, la liberté et la prospérité dans son empire. Il meurt en 1255, sans doute par noyade. La légende raconte qu'il se transforma alors en hippopotame.

33. Marco Polo (1254-1324) – Italie, Europe.

Marco Polo est un voyageur italien. À l'âge de dix-sept ans, il part avec son père et son oncle en Asie, où les trois hommes se mettent au service de l'empereur mongol. À cette époque, l'Empire mongol est gigantesque. L'empereur envoie Marco Polo en mission dans toute l'Asie : Chine, Inde, Vietnam, Birmanie, Iran, Tibet. Le voyageur rentre en Italie vingt-six ans plus tard. Fait prisonnier lors de la guerre entre Venise et Gênes, il dicte ses mémoires à son compagnon de cellule. Son récit a marqué les esprits et influencé d'autres voyageurs comme Christophe Colomb.

34. Jeanne d'Arc (1412-1431) – France, Europe.

Jeanne d'Arc vit en France pendant la guerre de Cent Ans qui oppose la France et l'Angleterre. À l'âge de treize ans, Jeanne entend des voix célestes, qui lui demandent de bouter (d'expulser) les Anglais hors du pays. Elle se rend auprès du roi de France pour combattre à ses côtés. Sa victoire à Orléans montre que les ennemis ne sont pas invincibles. Faite prisonnière par les Anglais, elle meurt brûlée vive à l'âge de dix-neuf ans.

35. Civilisation haumaka (vers 1200 à vers 1600) – Au large du Chili, Amérique du Sud.

Les Haumakas sont les habitants d'origine de l'île de Pâques, située dans le Pacifique Sud. Cette civilisation est célèbre pour ses statues monumentales appelées les moaï : les plus grandes mesurent neuf mètres de haut (illustration). Lorsque les voyageurs européens découvrent l'île, le jour de Pâques 1722, elle compte quatre mille habitants.

36. Dynastie Ming (1368-1644) – Chine, Asie.

Cette période de l'histoire chinoise est très importante : l'agriculture se développe, ainsi que les routes, le commerce, l'artisanat, les villes et la vie culturelle. Les empereurs Ming entreprennent de grands travaux. En particulier, pour empêcher les invasions mongoles et mandchoues, ils font restaurer de grandes fortifications construites initialement vers 220 avant J.-C. C'est sous la dynastie Ming que la Grande Muraille de Chine prend sa forme actuelle (illustration).

37. Empereur Ming Yongle (1360-1424) – Chine, Asie.

Ming Yongle est l'un des plus importants empereurs chinois. Il transfère la capitale de son empire à Pékin et y fait construire la Cité interdite. Homme érudit, Ming Yongle commande une encyclopédie monumentale, dans laquelle doivent être regroupées toutes les connaissances de l'époque, dans tous les domaines. Après six ans de travail, l'Encyclopédie Yongle ou Yongle Dadian compte près de vingt-trois mille rouleaux manuscrits. Elle reste la plus grande encyclopédie au monde jusqu'en 2007... quand elle est dépassée par Wikipédia !

38. Invention de l'imprimerie par Gutenberg (vers 1450) – Allemagne, Europe.

L'Allemand Johannes Gutenberg est considéré comme l'inventeur de l'imprimerie. Pourtant, les Chinois l'avaient créée bien plus tôt, en se servant de caractères mobiles en bois. Gutenberg utilise des lettres en métal sur du papier, et conçoit une presse, vers 1450 (illustration). L'invention de l'imprimerie est capitale, car les livres imprimés en grand nombre permettent de diffuser le savoir à un niveau jamais atteint. C'est le début de la Renaissance, période pendant laquelle on redécouvre les savoirs de l'Antiquité.

39. Léonard de Vinci (1452-1519) – Italie, Europe.

Léonard de Vinci est un savant italien aux multiples métiers : peintre, homme de sciences, sculpteur, architecte. Il est le symbole de l'homme de la Renaissance : c'est un génie dans tous les domaines, arts et sciences, un philosophe humaniste, un observateur et un expérimentateur. Il est à la fois curieux et inventif. Son œuvre la plus célèbre est La Joconde, un tableau exposé à Paris (France).

40. Découverte du Nouveau Monde (1492) – Amérique centrale.

En 1492, le navigateur italien Christophe Colomb embarque avec son équipage à bord de trois caravelles (illustration), missionné par les souverains d'Espagne. Il souhaite trouver une nouvelle route pour atteindre les Indes. Lorsqu'il accoste sur une île des Bahamas, il est convaincu d'avoir atteint les Indes. Il donne donc à ses habitants le nom d' « Indiens ». C'est Amerigo Vespucci, un autre navigateur italien, qui donne son nom aux Amériques. En 1501, il accoste au Brésil et comprend qu'il s'agit d'un nouveau continent qu'il appelle le « Nouveau Monde ». Dès lors, les Européens se livrent à l'exploration intensive de la Terre sur tous les continents.

41. Empire inca (1439-1533) – Pérou et Chili, Amérique du Sud.

Les Incas sont les héritiers des anciennes civilisations de l'Amérique du Sud. Leur empire est immense : à son apogée, il s'étend sur plus de quatre mille kilomètres de la Colombie jusqu'au Chili. Leur territoire est très montagneux. Pour leurs cultures agricoles (pomme de terre, quinoa, maïs...), ils construisent d'impressionnantes terrasses dont certaines sont encore visibles aujourd'hui (illustration). L'Empire inca est conquis par les conquistadors espagnols à partir de 1532.

42. Le roi aztèque Ahuitzotl (mort en 1502) – Mexique, Amérique centrale.

Ce roi est un grand conquérant, qui étend son empire jusqu'au Mexique actuel. Il fait sécuriser les routes par ses armées, ce qui permet ainsi de développer le commerce dans tout l'Empire aztèque. Sous son règne, cet empire connaît son apogée. Il ne rencontre pas les conquérants espagnols qui arrivent en 1519, quelques années après sa mort.

43. Hernán Cortés (1485-1547) – Espagne, Europe.

Hernán Cortés est un conquistador espagnol, c'est-à-dire un chef d'expédition qui vient explorer et conquérir de nouveaux territoires, avec ses soldats. Il s'empare de l'Empire aztèque pour le compte de Charles Quint, roi de Castille (actuelle Espagne). Cette conquête est une étape très importante dans la colonisation espagnole des Amériques. Pour la mener à bien, Hernán Cortés a réduit des populations en esclavage, pillé des régions entières et tué de nombreux habitants.

44. Martin Luther (1483-1546) – Allemagne, Europe.

Martin Luther est un moine et théologien chrétien qui bouleverse les principes de la religion catholique. Il s'oppose à l'autorité du pape et propose une réforme complète de la foi et de la pratique religieuse. Ainsi, il donne naissance à une nouvelle branche du christianisme : le protestantisme.

45. Soliman le Magnifique (1520-1566) – Turquie, Moyen-Orient.

Soliman Ier est le sultan (c'est-à-dire le chef) de l'Empire ottoman (actuelle Turquie), au moment de son apogée. Il conquiert des territoires en Europe et au Moyen-Orient. Sous son règne, la marine, dirigée par le fameux amiral Barberousse, domine la Méditerranée, la mer Rouge et le golfe Persique. Soliman est un amoureux des arts : son règne est aussi l'âge d'or culturel de l'Empire.

46. Élisabeth Ière (1533-1603) – Royaume-Uni, Europe.

Élisabeth Ière règne sur l'Angleterre pendant quarante-quatre ans. Elle est célèbre pour son charisme et son caractère obstiné. Pendant son règne, le théâtre anglais de William Shakespeare se développe. C'est aussi à cette époque que s'installent de nombreuses colonies anglaises à travers le monde, par exemple la colonie de Virginie en Amérique du Nord. Élisabeth ne se marie pas, et la lignée Tudor s'éteint avec elle, ouvrant la voie à la dynastie des Stuart.

47. Début de l'Époque d'Edo (1603-1868) – Japon, Asie.

Edo est l'ancien nom de la ville de Tokyo, capitale du Japon à cette époque. L'Époque d'Edo est une période de paix relative. Elle marque la fin du rôle militaire des fameux samouraïs (illustration). Jusqu'alors, ils sont des guerriers redoutables, n'ayant peur ni de la souffrance ni de la mort, et très efficaces dans le maniement des armes. La guerre est leur métier, ils assurent la sécurité de l'empereur, de l'aristocratie. Leur influence politique est importante.

48. Galilée (1564-1642) – Italie, Europe.

Galilée est un savant italien, à la fois astronome, mathématicien, philosophe et physicien. Il perfectionne la lunette astronomique et bouleverse l'observation de l'espace. Il fait de nombreuses expériences, pose les bases de la physique moderne. Galilée défend les idées d'un autre savant, Nicolas Copernic, qui pense que la Terre tourne autour du Soleil et non l'inverse. L'Église catholique s'oppose vigoureusement à cette thèse, elle force Galilée à abjurer (revenir sur ses déclarations) et le condamne.

49. Empire moghol (1526-1857) – Inde, Asie.

L'Empire moghol marque l'apogée de l'expansion musulmane en Inde. Les Moghols y introduisent la littérature et la culture persane. C'est à cette époque qu'est édifié le Taj Mahal (illustration). Il s'agit d'un mausolée construit par l'empereur Shāh Jahān en mémoire de son épouse qui décède en donnant naissance à leur quatorzième enfant. L'Empire moghol disparaît définitivement lors de l'arrivée des Britanniques en 1857.

50. Le Roi-Soleil (1643-1715) – France, Europe.

Louis XIV règne sur la France pendant soixante-douze ans. Il renforce son pouvoir et installe la monarchie absolue : il impose l'obéissance à tous ses sujets. Il fait construire le château de Versailles où vit sa cour, très nombreuse. Il aime le faste et la gloire, les arts, les fêtes et le théâtre. Sur cette illustration, il porte le costume de sacre.

51. Edward teach dit « Barbe-Noire » (vers 1680 à 1718) – Royaume-Uni, Europe.

Originaire d'Angleterre, Barbe-Noire est l'un des plus célèbres pirates de l'histoire, originaire d'Angleterre. À la tête de trois cents hommes et de quatre navires, il combat et pille d'autres bateaux pour son propre compte, dans les mers qui bordent l'Amérique centrale. Il porte toujours sur lui plusieurs épées et couteaux, ainsi que six pistolets. On raconte qu'avant un assaut, il allume des mèches de poudre à canon dans son abondante barbe noire. Effrayant !

52. James Cook (1728-1779) – Royaume-Uni, Europe.

James Cook est un explorateur anglais. Il devient capitaine de la Royal Navy (la marine anglaise), et effectue de nombreux voyages, en particulier dans l'océan Pacifique Sud. Il découvre la Nouvelle-Calédonie, les îles Sandwich et Hawaï. Lors de ses voyages, il dresse des cartes très précises de nombreuses îles et des côtes.

53. Naissance des États-Unis (4 juillet 1776) – États-Unis, Amérique du Nord.

De 1775 à 1783, pendant la guerre d'Indépendance, les treize colonies britanniques d'Amérique du Nord s'opposent à l'autorité de la Grande-Bretagne. Le 4 juillet 1776, les colons signent la Déclaration d'indépendance des États-Unis, formant ainsi les États-Unis d'Amérique. Après plusieurs années de guerre, les Britanniques reconnaissent officiellement ce nouveau pays, en 1783.

54. George Washington (1732-1799) – États-Unis, Amérique du Nord.

George Washington est un planteur de la colonie de Virginie. Il devient chef militaire lors de la révolution américaine, et il est signataire de la Déclaration d'indépendance. Après le conflit, il participe à la rédaction de la Constitution des États-Unis et devient le premier président du pays. Il est considéré comme l'un des Pères fondateurs par les Américains. La capitale Washington porte son nom.

55. Révolution française (1789-1799) – France, Europe.

Dès 1789, le peuple français se révolte car il est mécontent des injustices sociales et des impôts qu'il subit. Il souhaite mettre fin aux privilèges des plus fortunés. La Déclaration des droits de l'homme et du citoyen est votée en 1789 et propose désormais l'égalité entre tous, la souveraineté du peuple, la liberté d'opinion. La monarchie est finalement renversée et remplacée par la République. Le roi est exécuté. Cette illustration s'inspire d'un célèbre tableau d'Eugène Delacroix qui décrit une révolte du peuple français en 1830. La femme symbolise la Liberté qui rassemble le peuple. Elle porte un bonnet phrygien, porté par de nombreux Français durant la Révolution.

56. Marie-Antoinette d'Autriche (1755-1793) – Autriche et France, Europe.

Née à Vienne en Autriche, Marie-Antoinette est la plus jeune fille de la puissante impératrice Marie-Thérèse d'Autriche. Épouse de Louis XVI, elle devient reine de France en 1774. Elle est très impopulaire car on raconte qu'elle mène une vie frivole au château de Versailles et qu'elle a une mauvaise influence sur son mari. Au moment de la Révolution française, elle attire la haine du peuple. Elle est emprisonnée puis condamnée à mort pour haute trahison.

57. Napoléon Ier (1769-1821) – France, Europe.

Napoléon Bonaparte est un général français qui s'illustre en Italie puis en Égypte. À la fin de la Révolution française, il prend la tête du pouvoir et réforme le pays. Il devient empereur des Français sous le nom de Napoléon Ier en 1804. Il est en guerre contre les autres pays européens qui craignent que la Révolution française ne s'étende chez eux. Napoléon mène de victorieuses campagnes militaires en Espagne, en Allemagne, en Autriche et en Russie. Mais ces victoires sont éphémères et il est vaincu dès 1814-1815. Il est contraint à l'exil par ses ennemis jurés, les Britanniques.

58. Simón Bolívar (1783-1830) – Venezuela, Amérique du Sud.

Simón Bolívar est un militaire et un homme politique, symbole de l'émancipation des pays d'Amérique du Sud contre la domination coloniale espagnole. Il rêve d'obtenir l'indépendance de toutes les nations d'Amérique latine et de les réunir sous une grande confédération. Il mène des guerres d'indépendance dans plusieurs pays : Bolivie, Colombie, Équateur, Panama, Pérou, Venezuela. Il est surnommé El Libertador, « Le Libérateur ».

59. Conquête de l'Ouest (1804-1890) – États-Unis, Amérique du Nord.

Pendant près de cent ans, les Américains installés à l'est du territoire entreprennent de coloniser tous les territoires jusqu'à l'océan Pacifique. Les terres de l'ouest leur apparaissent comme une « terre promise ». L'exploration des terres est le plus souvent suivie d'expéditions militaires et scientifiques. L'armée chasse les Amérindiens (illustration) lors de batailles souvent sanglantes. Les tribus indiennes sont reléguées dans des réserves. La conquête de l'Ouest demeure fermement ancrée dans la culture, l'imaginaire et le folklore américains.

60. Abraham Lincoln (1809-1865) – États-Unis, Amérique du Nord.

Abraham Lincoln est un homme politique américain. Il devient président des États-Unis en 1861 et dirige le pays pendant la guerre de Sécession, une grave crise qui oppose les Américains au sujet de l'esclavage. Les États du Nord souhaitent interdire l'esclavage, contrairement à ceux du Sud. Lincoln veut sauver l'union de tous les États. En décembre 1865, il parvient à faire signer un texte de loi qui donne la liberté à tous les esclaves du pays. C'est l'abolition de l'esclavage. Lincoln est assassiné cinq jours plus tard par un opposant. Il est considéré aujourd'hui comme l'un des plus grands présidents des États-Unis.

61. Charles Darwin (1809-1882) – Royaume-Uni, Europe.

Charles Darwin est un scientifique anglais. Pendant cinq ans, il parcourt le monde et observe les animaux et leurs particularités. Dans son livre « L'Origine des espèces », il montre que les animaux les mieux adaptés à leur milieu sont ceux qui survivent et se reproduisent (illustration). C'est ce qu'il appelle « la sélection naturelle ». Grâce à cette théorie de l'évolution, Darwin révolutionne notre vision de la vie sur Terre.

62. Transition entre la première et la deuxième révolution industrielle (vers 1880) – Monde entier.

Pendant deux siècles, de nombreux pays se modernisent, en particulier en Amérique du Nord, en Europe et en Asie. Des industries se développent (illustration), ce qui transforme de nombreux secteurs de l'économie, mais aussi la société. On appelle cette période « la révolution industrielle ». Ou plus précisément LES révolutions industrielles. La première débute en 1770 (invention de la machine à vapeur, exploitation du charbon) et la seconde dure de 1880 à 1900 (développement de l'automobile, de la chimie, exploitation du pétrole).

63. Le Titanic (1912) – Royaume-Uni, Europe.

En avril 1912, le paquebot transatlantique Titanic quitte le port anglais de Southampton pour rejoindre New York. Partout, on l'admire, car il est immense et très luxueux. On le dit insubmersible, une prouesse pour l'époque ! Lors de ce premier voyage, il heurte un iceberg et coule en quelques heures. Plus de mille cinq cents personnes trouvent la mort.

64. Première Guerre mondiale (1914-1918) – Europe puis reste du monde.

La Première Guerre mondiale débute en Europe avec la rivalité entre l'Autriche-Hongrie et la Serbie. Ce conflit s'étend rapidement à d'autres puissances voisines et à leurs colonies à travers le monde. Ainsi, les combats se déroulent sur plusieurs fronts : Europe (illustration : la guerre dans les tranchées), Moyen-Orient, Asie, Océanie, Afrique, Atlantique Nord. Cette guerre cause plus de morts et provoque plus de destructions que tout autre conflit jusqu'alors.

65. Vladimir Ilitch Oulianov, dit Lénine (1870-1924) – Russie, Europe et Asie.

Lénine est un homme politique russe, qui prône la lutte des classes et la dictature du prolétariat (la classe ouvrière). En 1917, lors de la révolution bolchévique, le tsar (empereur) de Russie Nicolas II abdique, et Lénine prend le pouvoir. C'est alors que naît la Russie soviétique, premier régime communiste de l'histoire. Après la mort de Lénine en 1924, Staline prend le pouvoir et impose une dictature absolue jusqu'à sa mort, en 1953.

66. Mustafa Kemal Atatürk (1881-1938) – Turquie, Moyen-Orient.

Atatürk est un chef militaire turc, considéré comme un héros national pour avoir repoussé les occupants britanniques et français, puis les armées arméniennes et italiennes. En 1923, il est le fondateur et premier président de la République de Turquie. Son héritage marque profondément la Turquie moderne. En particulier, il inscrit la laïcité dans la Constitution, ce qui écarte la religion de l'exercice du pouvoir politique. Il supprime l'Islam en tant que religion officielle, et donne le droit de vote aux femmes.

67. Mahātmā Gandhi (1869-1948) – Inde, Asie.

Gandhi est un homme politique qui a permis à l'Inde de devenir un État indépendant. Avant cela, l'Inde était une colonie britannique, c'est-à-dire un territoire appartenant à la Grande-Bretagne. En 1920, Gandhi a l'idée d'employer la non-violence pour combattre l'autorité britannique. Il est envoyé plusieurs fois en prison. Mais il parvient à faire plier les occupants et obtient l'indépendance de son pays en 1947. Ses principes de non-violence ont inspiré de nombreux autres dirigeants.

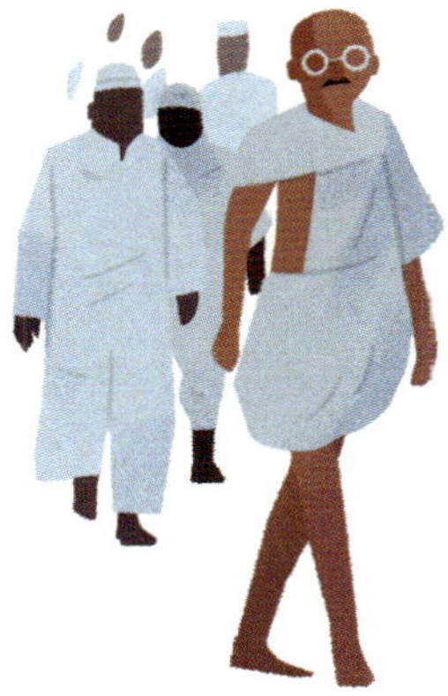

68. Mao Zedong (1893-1976) – Chine, Asie.

Mao Zedong est un homme d'État qui a dirigé la Chine pendant vingt-sept ans. Après avoir combattu l'envahisseur japonais, il sort vainqueur de la guerre civile et en 1949, il proclame la République populaire de Chine. C'est un régime communiste qui devient progressivement un régime totalitaire. Son action est très critiquée, et elle marque profondément l'histoire de la Chine.

69. Seconde Guerre mondiale (1939-1945) – Monde entier.

La Seconde Guerre mondiale débute en Europe, lorsque Adolf Hitler, chancelier allemand, envahit les pays voisins les uns après les autres. Ce conflit s'étend peu à peu à tous les continents. Il oppose les Alliés (États-Unis, Union soviétique, Royaume-Uni et France) et l'Axe (Allemagne nazie, Italie et Japon). À la fin de la guerre, les États-Unis obligent le Japon à capituler en lançant deux bombes nucléaires sur les villes d'Hiroshima et de Nagasaki (illustration). Au total, on estime que la Seconde Guerre mondiale a fait cinquante millions de morts, partout dans le monde.

70. Franklin Delano Roosevelt (1882-1945) – États-Unis, Amérique du Nord.

Franklin D. Roosevelt est le seul président des États-Unis à avoir été élu quatre fois. Juste après la Grande Dépression de 1929, une grave crise économique, il crée un plan de relance de l'économie et de lutte contre le chômage. Plus tard, il est un personnage central lors de la Seconde Guerre mondiale. Puis, une fois la paix obtenue, il est très actif pour transformer le monde de l'après-guerre. Pour toutes ces raisons, il a laissé une très forte empreinte dans l'histoire.

71. Winston Churchill (1874-1965) – Royaume-Uni, Europe.

Winston Churchill est un homme d'État anglais. Il est reconnu dans le monde entier pour son combat acharné contre les nazis et son action décisive lors de la Seconde Guerre mondiale. Il organise les forces armées britanniques et conduit son pays à la victoire. Ses discours redonnent force et courage aux Alliés aux moments les plus difficiles de la guerre.

72. Déclaration d'indépendance de l'État d'Israël (14 mai 1948) – Israël, Moyen-Orient.

En 1947, l'ONU (Organisation des Nations Unies) décide que la Palestine sera divisée en deux États distincts : un État juif et un État arabe. Cela doit permettre aux juifs de vivre en paix après l'extermination dont ils ont été victimes durant la Seconde Guerre mondiale. En 1948, l'indépendance de l'État d'Israël est officiellement proclamée. De nombreux conflits secouent cette région du monde depuis cette date, et encore aujourd'hui.

73. Fidel Castro (1926-2016) – Cuba, Amérique du Nord.

Fidel Castro est connu dans le monde entier sous le nom de El Comandante, Le Commandant. Il mène une révolution pour que son pays devienne indépendant, et chasse les Américains installés sur l'île. Puis il instaure un régime communiste où l'État possède tout et contrôle tout. Il tient tête aux États-Unis et devient un symbole de résistance.

74. Le droit de vote des femmes est généralisé (1965) – Monde entier.

Pendant le vingtième siècle, les femmes gagnent progressivement le droit de vote dans l'immense majorité des pays du monde. Cette victoire illustre un combat plus général des femmes pour obtenir les mêmes libertés et les mêmes droits que les hommes : accès à l'instruction et aux études supérieures, accès aux postes à responsabilité, égalité salariale...

75. Guerre du Vietnam (1955-1975)

Cette guerre oppose le Vietnam du Sud, soutenu par les États-Unis, au Vietnam du Nord, soutenu par l'Union soviétique et la Chine. Les États-Unis interviennent massivement à partir de 1965 (illustration), mais le conflit est de plus en plus impopulaire dans l'opinion américaine à cause de sa cruauté. Les Américains se retirent en 1973. En 1975, le Nord Vietnam remporte la victoire, le pays est réunifié.

76. Premiers pas sur la Lune (20 juillet 1969) – Lune.

C'est un petit pas pour l'homme. C'est un bond de géant pour l'humanité.

Aller sur la Lune est l'un des plus vieux rêves humains. Dans les années 1960, les États-Unis et la Russie veulent chacun prouver leur puissance technologique. Ces deux pays font la course à l'espace. En 1969, Neil Armstrong, à bord de la mission spatiale américaine Apollo 11, est le premier homme à marcher sur la Lune. Aujourd'hui, la rivalité de ces deux pays a pris fin. Ils s'entraident pour atteindre leur nouvel objectif : la planète Mars.

77. Chute du mur de Berlin (9 novembre 1989) – Allemagne, Europe.

Après la Seconde Guerre mondiale, l'Allemagne est divisée en deux pays : la RFA (République fédérale d'Allemagne, contrôlée par les Américains, les Français et les Anglais) et la RDA (République démocratique allemande, contrôlée par l'Union soviétique). À Berlin, un mur est construit pour diviser la ville et empêcher les Allemands de l'Est de fuir. Ce mur symbolise la division du monde en deux camps ennemis : une partie sous influence américaine, une autre sous influence soviétique. C'est ce que l'on appelle « la guerre froide ». Le 9 novembre 1989, des milliers de manifestants détruisent le mur, la frontière s'effondre (illustration). Un an plus tard, les deux États se réunissent pour former l'Allemagne actuelle.

78. Nelson Mandela (1918-2013) – Afrique du Sud, Afrique.

À la naissance de Nelson Mandela, les Noirs d'Afrique du Sud sont mis à l'écart de la société, au détriment des Blancs qui détiennent le pouvoir. C'est l'Apartheid. Nelson Mandela se bat pour mettre fin à ce système raciste. Il veut que les Noirs aient le même statut que les Blancs. Cela le conduit à être emprisonné pendant vingt-sept années. Mais plus tard, il est élu président de la République et reçoit le prix Nobel de la paix. Deux belles récompenses pour son combat !

79. Lady Diana (1961-1997) – Royaume-Uni, Europe.

Diana Spencer est une princesse anglaise, connue sous le nom de Lady Diana. Elle épouse le prince de Galles, Charles, puis divorce quinze ans plus tard. Pendant plusieurs années, elle se consacre à des actions de bienfaisance : pour les enfants pauvres d'Afrique, pour les malades du sida, contre les mines antipersonnel, pour les personnes malentendantes. Elle suscite un immense intérêt médiatique dans le monde entier.

80. Mère Teresa (1910-1997) – Inde, Asie.

Mère Teresa naît en Albanie (Europe). Elle fonde une congrégation religieuse catholique appelée Les Missionnaires de la charité. Elle consacre sa vie à aider les plus pauvres notamment dans la ville de Calcutta, en Inde. Elle éduque les enfants des rues, secourt les vagabonds, les malades, les mourants. Elle reçoit le prix Nobel de la paix en 1979. Aujourd'hui, des milliers de religieuses suivent son exemple.

81. Avènement d'Internet (années 2000) – Monde entier.

Après les deux premières révolutions industrielles, certains pensent que le monde connaît vers 1980 une troisième révolution industrielle, avec l'arrivée de l'informatique et le développement des télécommunications. Actuellement, nous serions au cœur d'une quatrième révolution industrielle avec l'exploitation de nouvelles technologies comme le Big Data (traitement en masse des données) et l'intelligence artificielle.

82. Attentats terroristes (11 septembre 2001) – États-Unis, Amérique du Nord.

Ce jour-là, quatre avions de ligne sont détournés par des terroristes. Deux de ces avions percutent les tours jumelles de New York, les plus hautes de la ville. Partout c'est la stupeur et l'effroi. On dénombre près de trois mille morts. Cette date marque le début d'une lutte nouvelle contre les terroristes islamistes, des individus qui défendent un Islam radical par la violence. Cette lutte se déroule sur tous les continents et se poursuit encore aujourd'hui.

83. Barack Obama (né en 1961) – États-Unis, Amérique du Nord.

Barack Obama est célèbre pour être le premier président afro-américain des États-Unis. Son père est un Africain de nationalité kenyane et sa mère une Américaine. Une fois élu, Barack Obama est un symbole d'espoir pour tous ceux qui luttent contre les préjugés et le racisme. En 2009, il reçoit le prix Nobel de la paix, ce qui lui assure une grande popularité dans le monde entier.

84. Solar Impulse (2016), premier tour du monde d'un avion fonctionnant à l'énergie solaire.

Depuis plusieurs dizaines d'années, ces scientifiques parlent du réchauffement climatique. Petit à petit, le monde prend conscience qu'il est urgent d'agir. Solar Impulse est un avion qui fonctionne à l'énergie solaire, sans carburant : un véritable défi technologique. En 2016, l'avion effectue un premier tour du monde complet. Il donne l'espoir de résoudre des problèmes environnementaux grâce à la science.

85. Épidémie de Covid-19 (2020) – Monde entier.

L'année 2020 est marquée par l'apparition d'une pandémie planétaire : un virus (illustration) se propage sur tous les continents, tuant les personnes les plus vulnérables. Dans de très nombreux pays, les modes de vie sont bousculés par le confinement. Écoles, commerces et entreprises sont fermées pendant plusieurs semaines. Cette épidémie montre qu'il est nécessaire de réfléchir ensemble à notre avenir, et d'unir nos forces face aux défis du futur.

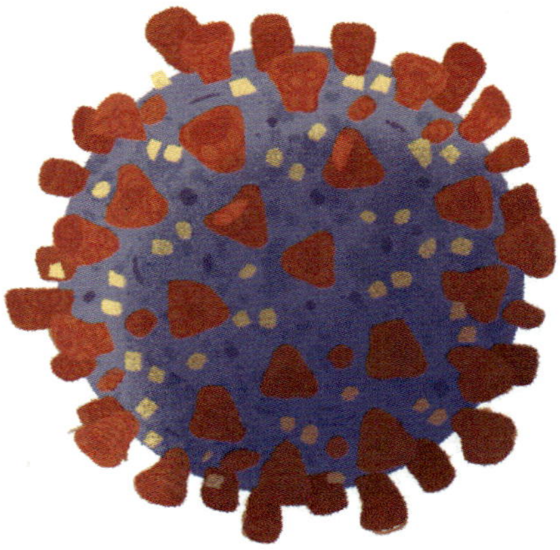

Cette frise chronologique permet de se repérer dans le temps,
en faisant apparaître les grandes civilisations
et les grands événements qui ont marqué le monde.
À travers ce panorama, nous avons voulu refléter la diversité du monde.
Mais par manque de place, nous avons dû faire des choix :
cette frise n'est pas une liste exhaustive, loin de là !
Fidèle à l'esprit de la marque Poppik, ce poster éveillera la curiosité des enfants,
suscitant découvertes et discussions.

www.poppik.com

POPPIK x milan

10

4

46

19

58

34

14

20

8

24

26

11

18

9

1

POPPIK

3

27

30

32

31

33

52

35

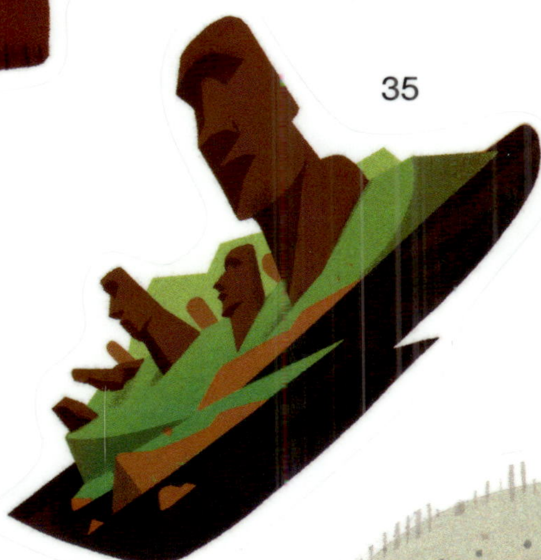

38

39

13

POPPIK

44

47
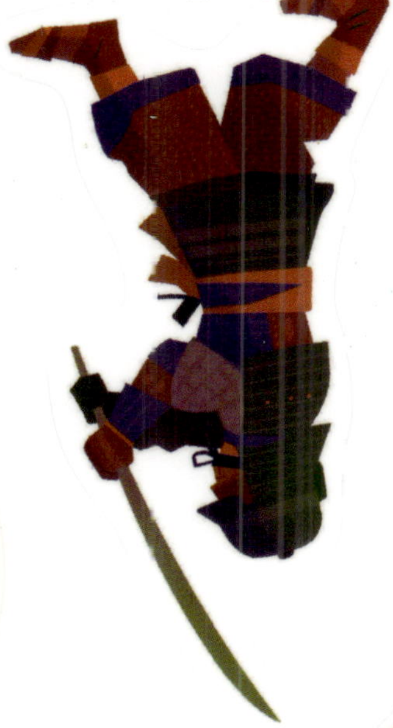

37

56

17

28

25

48

57

49

45

41

42-43

POPPIK

60

54

53

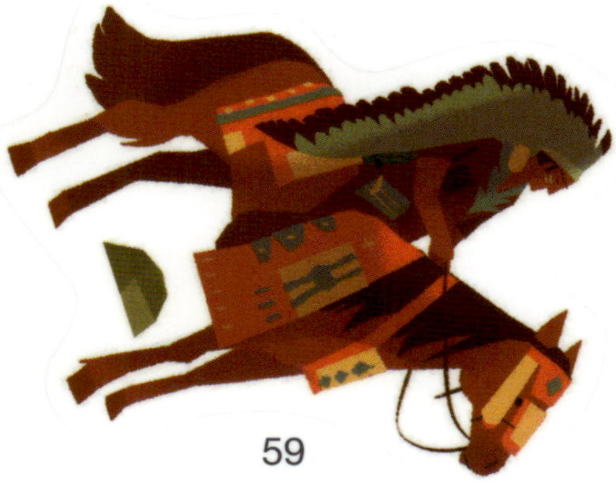

59

65

66

55

63

68

69

22

POPPİK

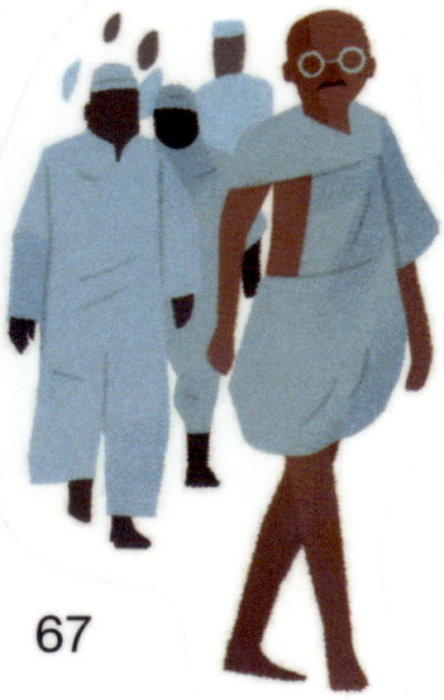

67

72

70

71

74

75

61

78

79

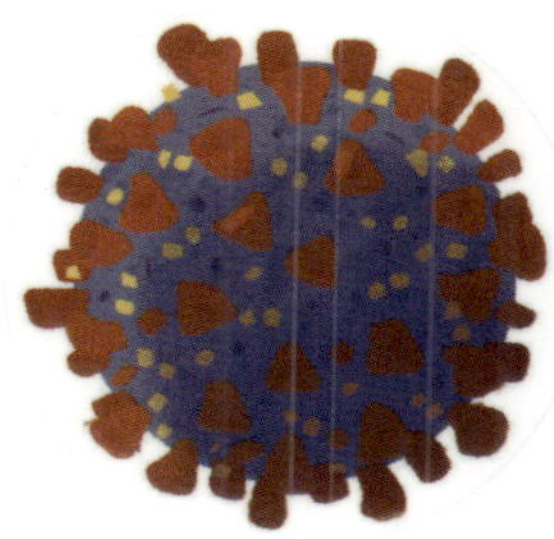

85

64

81

84

82

83

80

POPPIK